BEI GRIN MACHT SICH IHR
WISSEN BEZAHLT

Techniken, Strategien und Barrieren beim Nutzen von Webseiten durch Menschen mit Beeinträchtigungen

Bibliografische Information der Deutschen Nationalbibliothek:

Die Deutsche Nationalbibliothek verzeichnet diese Publikation in der Deutschen Nationalbibliografie; detaillierte bibliografische Daten sind im Internet über http://dnb.d-nb.de abrufbar.

ISBN: 9783346337641
Dieses Buch ist auch als E-Book erhältlich.

Druck und Bindung: Books on Demand GmbH, Norderstedt Germany
Gedruckt auf säurefreiem Papier aus verantwortungsvollen Quellen

Das vorliegende Werk wurde sorgfältig erarbeitet. Dennoch übernehmen Autoren und Verlag für die Richtigkeit von Angaben, Hinweisen, Links und Ratschlägen sowie eventuelle Druckfehler keine Haftung.

Das Buch bei GRIN: https://www.grin.com/document/951451

Friedrich-Schiller-Universität Jena

Wirtschaftswissenschaftliche Fakultät

Seminararbeit

im Rahmen der Veranstaltung

Informatik und Gesellschaft

im WS 19/20

Techniken/Strategien und Barrieren beim Nutzen von Websiten von Menschen mit Beeinträchtigungen

Institut für Informatik / Technische Informatik

Wirtschaftswissenschaften mit dem Studienprofil Wirtschaftspädagogik 2

3. Semester

Abgabedatum:

21.05.2020

Inhaltsverzeichnis

1. Einleitung

Um in das Thema einzuleiten ein Zitat von Domingos de Oliveira:

„Das Bild von Behinderung hat sich im Laufe der Zeit stetig verändert. Bis zu den Fünfzigerjahren des 20. Jahrhunderts wurden behinderte Menschen vor allem als Belastung betrachtet. Sie wurden in ihren Familien oder in speziellen Einrichtungen untergebracht, wo sie vor der Außenwelt und die Außenwelt vor ihnen geschützt wurde. Zumindest war das die Absicht hinter diesen Maßnahmen." (Domingos de Oliveira, o.J.:12)

In dem Zitat wird erwähnt, dass Menschen mit Beeinträchtigungen in der Mitte des 20. Jahrhunderts meist eine Belastung für die Menschen waren. Sie wurden eher als „Monster" angesehen und daher von der Außenwelt abgeschottet. Es wird deutlich, wie sich die Gesellschaft seitdem verändert hat. In der heutigen Gesellschaft sind Menschen mit Beeinträchtigungen keine Belastung, sondern eine Bereicherung. Sie zeigen, was man alles erreichen kann, auch wenn es anfangs unmöglich erscheint. Dies wäre bis 1950 meist nicht denkbar gewesen. In Deutschland leben aktuell 7,8 Mio. Menschen mit Beeinträchtigungen.

Diesen Menschen sollten in der digitalen Welt keine Barrieren gegeben sein. Denn aus der heutigen Zeit ist das Internet nicht mehr wegdenkbar. Es vereinfacht das Leben vieler Menschen durch z.B. das Onlinebestellen, das Nachschauen von Informationen oder das Kontakthalten mit Freunden und Familien. Jedoch ist für Menschen mit Beeinträchtigungen die Nutzung von Websites meist erschwert, da sie die klassischen Eingabegeräte, wie Maus oder Tastatur, nicht oder nur eingeschränkt nutzen können.

Die technischen Möglichkeiten auch Behinderte an der Internetgemeinschaft teilhaben zu lassen sind in den letzten Jahren um ein Vielfaches gestiegen. Seien es Screenreader, Sprachausgabegeräte oder Tasthilfen, immer neuere, ausgereiftere Produkte erobern den Markt. Doch oft stoßen behinderte Menschen bei ihren Internetaktivitäten vor Barrieren. Veraltete Designkonzepte und unsaubere Programmierung lassen die Hilfsgeräte an ihre Grenze stoßen.

Um einen ungehinderten Zugang für Behinderte zum Internet zu gewährleisten, wurde am 27. April 2002 das „Gesetz zur Gleichstellung behinderter Menschen" verabschiedet. In diesem Zusammenhang entstand die „Verordnung zur Schaffung barrierefreier Informationstechnik" (im folgenden BITV genannt). Darin wird klar geregelt, welchen Ansprüchen eine behindertengerechte Webseite gerecht werden muss. Ab dem 1. Januar 2005 ist diese Verordnung für alle Internetseiten der öffentlichen Hand verbindlich.

Es gibt verschiedene Behinderungsarten, wie Körperbehinderung oder geistige Behinderung. In der Hausarbeit werden die Sehbehinderung, Hörschädigung und Lernbehinderung genauer beleuchtet.

1. Behinderung/Barrierefreiheit

1.1. Begriffsklärung Behinderung/Barrierefreiheit

Laut dem Sozialgesetzbuch versteht man unter Behinderung:

„Menschen mit Behinderungen sind Menschen, die körperliche, seelische, geistige oder Sinnesbeeinträchtigungen haben, die sie in Wechselwirkung mit einstellungs- und umweltbedingten Barrieren an der gleichberechtigten Teilhabe an der Gesellschaft mit hoher Wahrscheinlichkeit länger als sechs Monate hindern können." (Sozialgesetzbuch IX, §2 Absatz 1)

Jedoch gibt es neben dieser Definition zahlreiche weitere Definitionen. Die Definition spiegelt die meisten Fakten wider. Aus dieser Definition geht hervor, dass der Zeitraum eingeschränkt wird, sodass Menschen, die kurzfristig durch einen Beinbruch eingeschränkt sind, nicht unter diese Definition gezählt werden.

Unter Barrierefreiheit versteht der Gesetzgeber nicht nur Internetseiten behindertenfreundlich zu gestalten.

„Barrierefrei sind bauliche und sonstige Anlagen, Verkehrsmittel, technische Gebrauchsgegenstande, Systeme der Informationsverarbeitung, akustische und visuelle Informationsquellen und Kommunikationseinrichtungen sowie andere gestaltete Lebensbereiche, wenn sie für behinderte Menschen in der allgemein üblichen Weise, ohne besondere Erschwernis und grundsätzlich ohne fremde Hilfe zugänglich und nutzbar sind." (BGG §4)

Die Definition ist aus dem Behindertengleichstellungsgesetz. Dieses Gesetz hat es zum Ziel Menschen mit Beeinträchtigungen eine gleichberechtigte Teilhabe an der Gesellschaft zu gewährleisten. Wenn man von Barrierefreiheit spricht, muss man auch den Begriff „Usability" einbeziehen. In das Deutsche übersetzt bedeutet es „Benutzbarkeit", „Benutzerfreundlichkeit" oder „Gebrauchstauglichkeit". Dabei spielt eine große Rolle, dass Aufgaben exakt und eindeutig bearbeitet werden und fertiggestellt werden können. Laut DIN EN ISO 9241 wird genauer definiert:

„Gebrauchstauglichkeit ist das Ausmaß, in dem ein Produkt durch bestimmte Benutzer in einem bestimmten Nutzungskontext genutzt werden kann, um bestimmte Ziele effektiv, effizient und zufrieden stellend zu erreichen." (DIN EN ISO 9241)

Diese Definition lässt sich auf die Informationstechnik übertragen, da ein Anwender auch eine Website nutzen möchte, um möglichst mit wenig Aufwand und ziemlich genau Fakten herauszuarbeiten. Damit der Anwender schnell zum vorgestellten Ziel gelangt.

1.2. Verordnung zur Schaffung barrierefreier Informationstechnik (BITV)

Die Verordnung zur Schaffung barrierefreier Informationstechnik entstand auf der Basis des Behindertengleichstellungsgesetz. Die Verordnung wurde am 12.09.2011 ausgefertigt und hatte seine letzte Änderung am 21.05.2019. Im Allgemeinen besteht die Verordnung aus 3

Teilen, allgemeiner Teil, technische Einzelheiten und ein Glossar verwendeter technischer Fachbegriffe. Unter den Zielen im §1 ist festgehalten, dass die Verordnung dem Ziel dient,

„eine umfassend und grundsätzlich uneingeschränkt barrierefreie Gestaltung moderner Informations- und Kommunikationstechnik zu ermöglichen und zu gewährleisten."

(BITV §1)

Außerdem sollen Informationen und Dienstleistungen öffentlicher Stellen für Menschen mit Beeinträchtigungen frei zugänglich und nutzbar sein.

Im Anwendungsbereich (§2) wird genauer darauf eingegangen, welche Angebote, Anwendungen und Dienste davon betroffen sind. Dabei sind zu nennen:

1. *Websites,*

2. *mobile Anwendungen,*

3. *elektronisch unterstützte Verwaltungsabläufe, einschließlich der Verfahren zur elektronischen Vorgangsbearbeitung und elektronischen Aktenführung,*

4. *grafische Programmoberflächen, die*

   a) *in die Angebote, Anwendungen und Dienste nach den Nummern 1 bis 3 integriert sind oder*

   b) *von den öffentlichen Stellen zur Nutzung bereitgestellt werden.* (BITV §2)

In der neusten Fassung sind jedoch auch Inhalte entfernt worden, die dem Gesetz nicht unterstellt sind. Dazu zählen:

- *in bestimmten Fällen die Reproduktion von Stücken aus Kulturbesammlungen*

- *digitale Archive, deren Inhalte für aktive Verwaltungsverfahren nicht benötigt werden, und die nicht nach dem 23. September 2019 aktualisiert oder überarbeitet wurden*

- *Websites und mobile Anwendungen einer Rundfunkanstalt des Bundesrechts wie der Deutschen Welle*

  (https://www.bundesfachstelle-barrierefreiheit.de/DE/Themen/EU-Webseitenrichtlinie/BGG-und-BITV-2-0/Die-neue-BITV-2-0/die-neue-bitv-2-0_node.html)

2. Arten von Behinderung

2.1. Sehbehinderung und Blindheit

Bei Sehbehinderung unterscheidet man zwischen korrigierbaren und nicht korrigierbaren Sehbeeinträchtigungen. Bei den korrigierbaren Sehbeeinträchtigungen handelt es sich um zum Beispiel um Weit- oder Kurzsichtigkeit. Diese lassen sich meist durch eine Brille oder Kontaktlinsen beheben. Die Ursachen der nicht korrigierbaren Sehbeeinträchtigungen sind meist seit der Geburt vorhanden oder durch einen Unfall verursacht. Sie betreffen Störungen im Bereich des Sehnervs, der Netzhaut, der Linse oder ähnlichem. Meist tragen Sehbehinderte dennoch eine Brille. Dies lässt die Schlussfolgerung ziehen, dass es eine Kombination aus korrigierbaren und nicht korrigierbaren Sehbeeinträchtigungen ist.

Sehbehinderung gilt, wenn ein Mensch trotz Korrektur keine normalen Sehfunktionswerte erreicht werden. Außerdem ist das Sehvermögen in der Ferne und/oder Nähe bei 30% bis 5%. Jedoch spricht man bei einem Sehvermögen von weniger als 10% von „wesentlicher Sehbehinderung" und bei weniger als 5% von einer „hochgradiger Sehbehinderung". In Deutschland gibt es zwischen 500.000 und 1,1 Millionen sehbehinderte Menschen. In der Altersverteilung wird sichtbar, dass die meisten Sehbehinderungen im hohen Alter auftreten:

„0-18 Jahre: 6 %

18-30 Jahre: 7 %

30-60 Jahre: 17 %

60-80 Jahre: 32 %

ab 81 Jahre: 38 %" (https://www.bsvsb.org/index.php/definition-sehbehindert.html)

Von einer Blindheit wird gesprochen, wenn das Sehvermögen unter 2% liegt und eine fehlende Wahrnehmung von Lichtschein vorliegt. Das Sehvermögen kann nicht durch Brille oder Kontaktlinsen korrigiert werden. In Deutschland leben ungefähr 150.000 blinde Menschen. Jedes Jahr erblinden 10.000 Menschen in Deutschland.

Man kann entweder von Geburt an blind sein oder verlieren das Sehvermögen im Lauf ihres Lebens. Blindheit kann entweder auf einem Auge oder auf beiden Augen auftreten.

2.2. Hörschädigungen

Bei Hörbehinderung unterscheidet man zwischen Schwerhörigkeit, Resthörigkeit und Gehörlosigkeit. Die Schwerhörigkeit wird nochmal unterteilt in leichte und hochgradige Schwerhörigkeit. Diese Unterteilung wurde damals vorgenommen, um die Kinder in die unterschiedlichen Schulen einteilen zu können. In der untenstehenden Tabelle sieht man die Unterteilung der Arten anhand der verschiedenen Tonfrequenzen.

Art der Abstufung	Tonfrequenz
Leichte Schwerhörigkeit	20 bis 40 dB Hörverlust
Hochgradige Schwerhörigkeit	50 bis 80 dB Hörverlust
Resthörigkeit	Ab ca. 90 dB Hörverlust
Gehörlos	Mehr als 120 dB Hörverlust

Quelle: https://www.myhandicap.de/gesundheit/sinnesbehinder-ung/hoerbehinderung-schwerhoerig/

Die Werte stellen das durchschnittliche Resthörvermögen (mittleren Hörfrequenzbereich) dar. Um die Werte besser einordnen zu können ein paar Beispiele, die deutlich machen in welchen Bereichen sich die Werte befinden. Das Ticken einer Uhr beträgt 30 dB, ein normales Gespräch hat einen Wert von 65 dB und das Höchste ist eine Kettensäge mit 120 dB. Ab 85 dB kann das menschliche Ohr einen Schaden davontragen und ab 95 dB wird es dann unerträglich. Daher sollte man sich solch hohen Geräuschpegeln nicht lange und oft aussetzen.

Zu den Ursachen für eine Hörbehinderung kann genetisch sein. Dies tritt jedoch nur in 5 Prozent der Fälle auf. Meist ist eine Erkrankung der Grund, die vor, nach oder während der Geburt auftritt. Weitere Ursachen sind Scharlach, Masern oder Medikamente als Auslöser kommen in Frage.

Bei Hörverlust kann man zum Teil ausgleichen, wie zum Beispiel das Hörgerät. Aktuelle Hörgeräte können dabei bereite bis zu 50 dB ausgleichen. Andere Beispiele, die im Haushalt und alltäglichen helfen, sind Lichtklingel, Vibrationswecker oder Untertitel.

In der heutigen Zeit wird jedoch mehr und mehr in auditive und visuelle Wahrnehmung unterschieden. Dabei können Hörgeschädigte mit einem Resthörvermögen auch über die auditive Wahrnehmung Inhalte nachvollziehen. In der visuellen Wahrnehmung gibt es die Lautsprache und die Gebärdensprache. In der heutigen Zeit wird in der Erziehung darauf geachtet, dass beide Sprachen erlernt werden. Dadurch ist auch ein höherer Bildungsabschluss möglich.

2.3. Lernbehinderung

Als Lernbehindert gelten Kinder und Jugendliche, die stark abweichen von dem Leistungsvermögen gleichalter Jugendlicher oder Kinder. Es bedarf stärkerer Förderung. Die Ursachen sind vielfältig. Hier kann zum Beispiel genannt werden, dass es angeboren ist oder hirnorganische Störungen. Es können auch andere Behinderungen (wie Hörschädigung) zu einer Lernbehinderung führen. Dabei wird ist nicht nur die kognitive Leistung gestört, sondern meist äußert sich dies auch im Verhalten. Sie fallen durch Aggressionen oder Rückzug auf.

Jedoch wird nicht immer gleich von einer Lernbehinderung gesprochen. Dabei gibt es Abstufungen. Eine Lernbehinderung wird ab einem IQ von kleiner 85. Dabei ist die geistige Behinderung eine gravierende Form, die bei einem IQ unter 55 eintritt. Bei einem höheren IQ (größer 85) spricht man von Lernschwierigkeiten. Diese Feststellung wird durch einen Intelligenztest vorgenommen. Meist wird in der Schule durch die Lehrer die Feststellung gemacht, dass die betroffenen Schüler im Unterricht nicht mitkommen bzw. sie schwer folgen können. Im nächsten Schritt wird dies mit den Eltern besprochen und meist daraufhin ein Intelligenztest durchgeführt. Wenn man genau weiß, um welchen Grad es sich handelt, kann man genauer damit arbeiten und den Schüler unterstützen.

In den meisten Fällen gehen die betroffenen Schüler auf eine gesonderte Schule, jedoch werden diese nach und nach aufgelöst. Die Schüler werden daher weiter auf der Realschule oder Gesamtschule unterrichtet.

3. Techniken und Strategien zur Nutzung von Websiten

3.1. Sehbehinderung und Blindheit

Für Sehbehinderte Menschen besteht die Möglichkeit, die Schriftgröße dementsprechend zu vergrößern. Dadurch kann man den Text besser lesen und leichter verstehen. Diese Möglichkeit bieten heutzutage viele Browser. Dadurch muss man meist nicht an der Website selber

Änderungen vornehmen, sondern kann seinen Browser dementsprechend einstellen, wie man am besten den Text lesen kann. Diese Einstellung bleibt auch nach Ausschalten des Computers bestehen und muss daher nicht erneut gesetzt werden. Da ich selber ein MacBook besitze, habe ich dort ein paar Sachen getestet. Zunächst kann man die Schriftgröße in den Einstellungen einstellen und dadurch dauerhaft festlegen. Jedoch gibt es auch die Möglichkeit den Text einer speziellen Seite heranzoomen. Dies funktioniert durch das Auseinanderziehen von 2 Fingern auf dem Trackpad. Dadurch wird die Website vergrößert. Dies hat jedoch den Nachteil, dass man vorsichtig beim Auseinanderziehen sein muss, da sonst der Text schnell zu groß werden kann, sodass man kaum noch etwas erkennt.

Für Sehbehinderte und Blinde gibt es auch die Möglichkeit eines Screenreaders.

Abbildung 1: Funktionsweise eines Screenreaders

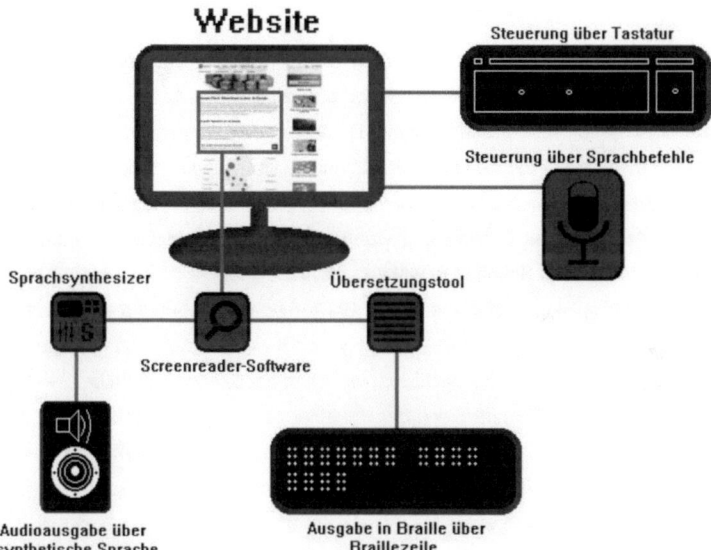

Quelle: Funktionsweise eines Screenreader von https://www.ionos.de/digitalguide/websites/web-entwicklung/screenreader/

Durch die Abbildung wird die Funktionsweise eines Screenreaders deutlich. Einem Screenreader kann man über Tastatur oder Sprachsteuerung Befehle erteilen. Der Text wird durch die Screenreader-Software entweder an ein Audioausgabegerät oder eine Braille-Zeile weitergeleitet. Daher gibt es die Möglichkeiten, sich den Text vorlesen zu lassen oder durch die Braille-Zeile zu ertasten. Bei der Sprachausgabe werden Synthesizer benutzt, wie Elo oder eSpeak. Diese besitzen integrierte Wörterbücher, die die Aussprache der meisten Wörter aufbewahrt. Die Sprachausgabe ist meist eine eher künstlich klingende Stimme. Man sollte bei Screenreaders darauf achten, dass Wortbetonung, Silbenübergänge, Satzmelodie, Sprechrhythmus, Sprechtempo und Pausen gut gewählt werden. Dies vereinfacht das Verständnis des Textes ungemein.

3.2. Hörschädigungen

Es ist wichtig, dass dargestellte Videos auf eine hohe Lautstärke zu stellen sind, sodass Menschen, die eine kleine oder mittlere Hörschädigung haben, trotzdem ohne Probleme die Töne verstehen.

Des Weiteren wird meist mit Untertiteln gearbeitet. Zunächst erstmal eine Definition von Untertiteln:

> *Untertitel sind Texte, die bei visuellen Medien den Inhalt des Gesprochenen wiedergeben und meist am unteren Bildrand des Mediums eingeblendet werden.* (Dr. Birgit Rothenberg, 2017:4)

Es gibt explizite Anforderungen, die ein Untertitel erfüllen sollte. Das Wichtigste ist, dass der Untertitel zeitgleich zu dem gesprochenen Wort angezeigt wird.

Ein weiterer Anspruch wäre die Platzierung. Durch Untersuchungen wurde festgestellt, dass das Auge linksbündigen Text meist besser aufnehmen kann. Jedoch sind die meisten Untertitel eher zentral platziert, da dies meist von anderen Filmen oder Videos übernommen wird.

Bei der Schriftart sollte auf Schnörkel an den Buchstaben verzichtet werden und eine klare und einfach verständliche Schriftart gewählt werden.

Eine weitere Rolle spielen Geräusche. Durch Geräusche wird Spannung aufgebaut. Dies soll auch für hörbehinderte Menschen zugänglich gemacht werden, damit darin enthaltene Informationen nicht untergehen. Dies macht sich vor allem bei Szenen bemerkbar, wo Menschen flüstern oder murmeln in Filmen. Wenn der Untertitel diesbezüglich nichts anzeigt, wird nicht deutlich, ob man wichtige Informationen für das weitere Verstehen nicht mitbekommen hat. Bei der Darstellung von Geräuschen gibt es unterschiedliche Methoden, z.B. das Schreiben in Klammern oder in Kursiv.

Eine weitere Anforderung ist die Musik. Diese sollte ebenfalls gekennzeichnet werden, zum Beispiel durch einen Notenschlüssel und danach der Titel des Liedes. Dadurch bekommt der Nutzer einen Eindruck von der Musik bekommt, da diese auch die Stimmung ausmacht. Des Weiteren könnten auch die Liedtexte helfen, um auch die weiterführende Handlung besser zu verstehen.

Außerdem sollte drauf geachtet werden, dass auch Stimmmodifikationen, wie Seufzen oder Keuchen, gekennzeichnet werden, Dadurch bekommt der Nutzer noch einen besseren Eindruck, wie die Menschen sich verhalten und erkennt auch Verhalten, die man nicht sofort erkennt.

Eine weitere Möglichkeit wäre bei der Darstellung von Videos die Hilfe durch Gebärdensprache. Das heißt in der Zeit, wo das Video läuft, läuft parallel ein weiteres Video, wo eine Person das gesprochene Wort in Gebärdensprache umsetzt. Das erleichtert die Arbeit mit Videos ungemein. Die Nutzer können die Videos schauen und bekommen gleichzeitig das Gesagte erläutert ohne einen Untertitel lesen zu müssen.

3.3. Lernbehinderung

Bei einer Lernbehinderung, wie Lese-Rechtschreibschwäche, steht im Vordergrund, dass der Text verständlich und einfach dargestellt wird. Dabei sollte meist auf Anglizismen oder Fremdwörter verzichtet werden. Wenn darauf nicht verzichtet werden kann, sollten diese Wörter erklärt werden. Dadurch kann der Nutzer durch Erklärung, die meist einfach verständlicher geschrieben wurde, versuchen den Text zu verstehen. Desto einfacher ein Text verfasst wird, desto besser kann man diesen als Nutzer verstehen. Dies trifft nicht nur auf Menschen mit einer Lerneinschränkung zu, sondern auch auf jegliche andere Nutzer. Denn desto einfacher der Text verfasst ist, desto besser und schneller kann man die Informationen aus dem Text herausziehen.

In der Studie Web 2.0 (Aktion Mensch (Hrsg.). 2010:127) erklären Menschen mit einer Lernbehinderung, wie sie mit solchen Problemen umgehen. Sie versuchen, wenn ihnen die Website nicht verständlich genug erscheint, den Inhaber der Seite zu kontaktieren. Dabei berichten sie über die Probleme und bitten, um Behebung der Barrieren. Dies ist eine gute Methode, um auch späteren Nutzern mit den gleichen Beeinträchtigungen zu helfen.

Bei einer stärkeren Lernbehinderung könnte der Screenreader genutzt werden. Durch den Screenreader kann man sich das geschriebene Wort anhören und dadurch den Text besser verstehen. Manche Websites bieten eine Vorlesefunktion an, wo man eine ähnliche Funktion hat. Der Screenreader kann Unterstützung beim Lernen neuer Wörter geben. Indem man sich den Text vorlesen lässt und nebenbei mitliest, können sich Wörter mit der Rechtschreibung eingeprägt werden.

Bei einer Lerneinschränkung kann auch eine Diktierfunktion genutzt werden, wenn die Rechtschreibung Schwierigkeiten Probleme bereitet. Da kann man seine Suchanfragen einfach wörtlich wiedergeben und dadurch schneller nach Informationen suchen.

4. Barrieren bei der Nutzung von Websiten

4.1. Sehbehinderung und Blindheit

Vorab muss gesagt werden, dass sich die Barrieren immer individuell verbreiten. Das bedeutet Menschen mit unterschiedlichem Sehvermögen haben auch unterschiedliche Barrieren in der Nutzung von Websiten.

Die größte Barriere für sehbehinderte bzw. blinde Menschen stellt die Farbwahrnehmung und die Blendempfindlichkeit dar. Dabei sind nicht veränderbare Hintergrund- und Schriftfarben ein großes Problem. Der Nutzer kann individuell im Browser einstellen, wie die Farbgebung sein soll. Jedoch werden diese Einstellungen meist bei individuellen Websiten nicht anerkannt. Daher wird zwar die Farbe geändert, jedoch kann es passieren, das Buttons oder Informationen verschwinden, da sie sich dem Hintergrund anpassen und nicht die Farbe ändern. Die Blendempfindlichkeit wird durch weiße Hintergründe verstärkt. Dabei spielt auch die Schriftstärke eine große Rolle. Dünne Schrift kann leichter durch einen hellen Hintergrund überstrahlt werden.

Eine weitere Barriere stellt die Schriftgröße dar. Meist ist diese zu klein gewählt bzw. es befindet sich zu viel Text auf einer Seite, sodass dabei auch die Schrift immer kleiner gewählt wird. Es gibt jedoch Tools, womit die Schriftgröße verändert oder der Text herangezoomt werden kann. Jedoch ist der Nachteil hierbei, dass dadurch die Übersichtlichkeit darunter leidet. Da viel weniger Text in einem Fenster dargestellt werden kann.

Ebenfalls gibt es die Barriere „Text". In viele Fällen werden die Texte meist aus Printmedien direkt in das Internet übernommen. Daher sind die Texte in vielen Fällen sehr umfangreich. Daher sollte auch darauf geachtet werden Printmedien auf das Medium „Web" anzupassen. Da grade Menschen mit Lichtempfindlichkeit sich am Rechner für eine kürzere Zeit konzentrieren können anstatt beim Printmedium. Des Weiteren sollte auch die Rechtschreibung und der Satzbau korrekt sein, sodass der Screenreader den korrekten Text ausgeben kann. Dadurch ist auch ein einfacheres Verstehen gewährleistet.

Die Sprachausgabe passiert durch eine eher künstlich klingende Aussprache. Jedoch muss man aufpassen bei Wörtern, die gleich geschrieben werden, jedoch eine unterschiedliche Bedeutung haben. Hierbei ist ein gutes Beispiel: „übersetzen" – im Sinne von: Ich übersetze den Satz ins Deutsche und „übersetzen" – im Sinne von: zum anderen Ufer übersetzen. Dabei kann es schnell zu Verwirrungen kommen, wenn dies nicht unterschieden werden kann.

Bei Mediatheken tritt das Problem auf, dass Screenreader nicht korrekt die Symbole erkennen können. Hierbei ist zu nennen die Stop- und Playtasten. Wenn diese nicht als dieses ausgezeichnet werden, kann dies zur nicht optimalen Nutzung der Medien führen.

4.2. Hörschädigungen

Eine Barriere stellen Videos dar, wenn hierbei kein Untertitel vorhanden ist. Das erschwert bzw. verweigert den Nutzern den Zugang zu den Inhalten bzw. erschwert die Nutzung.

Des Weiteren sind die Nutzung von Begleitvideos, wo in Gebärdensprache übersetzt wird, beschränkt möglich. Dies liegt daran, dass diese Videos kaum bis gar nicht vorhanden sind. Die meisten Hörgeschädigten sind aber auf die Gebärdensprache angewiesen, da ihre Schriftsprachkompetenz sehr unterschiedlich ausgeprägt sein kann. Dies liegt an der unterschiedlichen Förderung im Kinder- und Jugendalter.

Bei Untertitel tritt manchmal das Problem auf, dass der Text zeitversetzt zum Video oder Film läuft. Das hat zur Folge, dass der Benutzer den Inhalt kaum bis nicht nachvollziehen kann.

Außerdem gibt es meist nicht die Wahl zwischen Gebärdensprache und Untertitel. Jedoch sollte dies gerade für Gehörlose zur Verfügung stehen.

Im Allgemeinen muss gesagt werden, dass der Untertitel gut verständlich dargestellt sein sollte und keine Rechtschreibfehler enthalten sollte. Dies unterbricht den Lesefluss. Des Weiteren hält man sich dann länger an diesen Fehlern auf und versucht sie zu verstehen. Dies könnte dazuführen, das man im Video oder Film nicht hinterherkommt.

Ein weiteres Problem für Hörgeschädigte ist, dass die Tonqualität meist nicht gut genug ist, dass die Menschen es verstehen können. Außerdem kann man meist die Lautstärke zwar regeln. Jedoch sind manche Videos von sich aus sehr leise und daher stehen die Hörgeschädigten vor dem Problem, dass sie es trotz lautester Lautstärke nicht verstehen können.

4.3. Lernbehinderung

Eine Barriere sind unverständliche Texte. Meist werden Texte umständlicher formuliert als sie eigentlich sein müssten. Dabei treten grade bei Menschen mit Lernbehinderungen, aber auch bei Menschen mit Sehbehinderung oder Hörschädigung Probleme auf. Die Informationen sind in den meisten Fällen in den Texten versteckter dargestellt und dies ist eine große Hürde. Angebotenen Texten mangelt es an Einfachheit und leichter Sprache. Dadurch wird dies meist nur schwer verstanden.

Des Weiteren entstehen Barrieren durch benutzte Fremdwörter oder Fachsprache. Diese werden meist nur schwer oder gar nicht verstanden. Dadurch können dann auch meiste komplexe Texte im Kontext nicht verstanden werden. Es erschwert auch die Arbeit mit verschiedenen Texten. Dazu kommt in den meisten Fällen gibt es keine nützliche Hilfe bei Sprachproblemen. Meist werden Wörter in Enzyklopädien auch mit Fremdwörtern erklärt und dadurch fällt es weiterhin schwer diese zu verstehen.

5. Schlusswort

In der Technik wird stetig an Neuerungen geforscht und gebaut. Zum Beispiel Googles Tacotron-2 System kommt sehr nah an die menschliche Sprachqualität heran. Die neuste Technologie soll wie ein Kleinkind die Sprache und Aussprache von Wörtern lernen durch reale Sprachdokumente. So kommt es seltener zu Fehlern in der Aussprache, was auch Verwirrungen mindert.

Im Allgemeinen denke ich, dass die Technologie auf einem guten Weg ist. Die bereits existierenden Hilfsmittel helfen den Menschen und erleichtern ihnen den Umgang mit den neuen Technologien. So können sie das Internet ohne viele Einschränkungen nutzen. Des Weiteren denke ich, dass dies auch den Nutzern mehr Selbstbewusstsein und Selbstständigkeit gibt. Sie können das Internet und viele Funktionen ohne fremde Hilfe nutzen.

Jedoch denke ich auch, dass viele Benutzer von Internetseiten mehr für die Vereinfachung ihrer Seite tun können. Dabei könnte man zum Beispiel Texte überarbeiten oder bei Videos die Untertitel aktualisieren. Dies kann dabei helfen die Benutzung komfortabler zu gestalten. Dabei finde ich grade, dass Videos mehr und mehr mit der Funktion der Gebärdensprache ausgestattet werden sollen. Eine weitere Idee wäre auch, dass man bei längeren Texten ebenfalls Videos hochlädt, wo der Text in Gebärdensprache übersetzt wird.

In der Technik wird es in Zukunft sicherlich weiterhin mehrere Neurungen geben, wodurch noch mehr Barrieren der Vergangenheit angehören werden.

6. Literaturverzeichnis

Aktion Mensch (Hrsg.). (2010). Web 2.0/barrierefrei. Abgerufen am 30.04.2020 von http://medien.aktion-mensch.de/publikationen/barrierefrei/Studie_Web_2.0.pdf

BIH Integrationsämter (Hrsg.). (2018). *Hörschädigungen.* Abgerufen am 04.03.2020 von https://www.integrationsaemter.de/Fachlexikon/Hoerschaedigungen/77c440i/index.html

BSVSB (Hrsg.). (o.J.). *Definition von Blindheit, Sehbehinderung und hochgradiger Sehbehinderung.* Abgerufen am 26.01.2020 von https://www.bsvsb.org/index.php/definition-sehbehindert.html

CRPD (Hrsg.). (o.J.). *Definition von Behinderung.* Abgerufen am 25.01.2020 von https://www.behindertenrechtskonvention.info/definition-von-behinderung-3121/

Digital Guide IONOS (Hrsg.). (2018). *Alles über Screenreader: Blind am Computer arbeiten.* Abgerufen am 28.04.2020 von https://www.ionos.de/digitalguide/websites/web-entwicklung/screenreader/

Dr. Rothenberg, B. (2017). *Leitfaden zur Erstellung von Untertiteln* (Band 12 der Schriftenreihe: „Behinderung und Studium"). Dortmund:TU Dortmund

Haage, A. (o.J.). *Barrieren aus der Perspektive der Nutzer*innen.* Abgerufen am 22.03.2020 von https://www5.tu-ilmenau.de/zeitschrift-medienproduktion/index.php/barrieren-aus-der-perspektive-der-nutzerinnen/

Hellbusch, J. (2005). *Barrierefreies Webdesign Praxishandbuch für Webgestaltung und grafische Programmoberfläche* (1. Aufl.). Heidelberg: Dpunkt.Verlag

Hojas, R. (2004). Barrierefreie Gestaltung multimedialer Inhalte mittels SMIL 2.0 in der Theorie und anhand eines Beispiels. Abgerufen am 12.01.2020 von https://www.barrierefreies-webdesign.de/spezial/multimediale-inhalte/technische-hilfsmittel.html

Mitterhuber, T. (2013). *Gehörlos, taub, schwerhörig: Hörbehinderungen.* Abgerufen am 26.01.2020 von https://www.myhandicap.de/gesundheit/sinnesbehinderung/hoerbehinderung-schwerhoerig/

Prof. Dr. Weiß, H. (2016). *Lernbehinderung (Lernbeeinträchtigung) bei Kindern – Ursachen und Chancen*. Abgerufen am 04.03.2020 von https://www.familienhandbuch.de/babys-kinder/behinderung/arten/Lernbehinderung.php

Schwarze-Reiter, K. (o.J.). *Blindheit*. Abgerufen am 26.01.2020 von https://focus-arztsuche.de/magazin/krankheiten/ursachen-und-behandlungen-bei-blindheit

Sozialgesetzbuch (SGB IX) vom 01.07.2001 (BGBl. I S. 1046, 1047) zuletzt geändert durch Artikel 2 des Gesetzes vom 10.12.2019 I 2135)

Verordnung zur Schaffung barrierefreier Informationstechnik nach dem Behinderterngleich-stellungsgesetz (BBITV 2.0) vom 12.09.2011 zuletzt geändert durch Artikel 1 der Ver-ordnung vom 21.05.2019 I 738

Wieschowski, S. (2007). *Barrieren bremsen blinde Surfer aus*. Abgerufen am 11.03.2020 von https://www.stern.de/digital/online/sehbehinderte-webnutzer-barrieren-bremsen-blinde-surfer-aus-3268542.html

Woche des Sehens (Hrsg.). (2014). *Blindheit und Sehbehinderung in Deutschland*. Abgerufen am 26.01.2020 von https://www.woche-des-sehens.de/infothek/zahlen-und-fak-ten/blindheit-und-sehbehinderung-in-deutschland#c200